태공의 영토

마음의詩 23
태공의 영토

초판인쇄 2008년 3월 2일
초판발행 2008년 3월 9일

지 은 이 김용철
펴 낸 이 김충규
펴 낸 곳 문학의전당
출판등록 제387-2003-00048호(2003년 9월 8일)

주 소 152-841 서울특별시 구로구 구로 6동 97-1 로얄프라자 206호
전화번호 02-852-1977
팩시밀리 02-852-1978
블 로 그 http://blog.naver.com/mhjd2003
전자우편 mhjd2003@naver.com

ISBN 978-89-91006-84-3 03810

김용철 시집

문학의전당

自序

큰골저수지에서 10년을 살고 있다.

저수지 둘레 산책로엔 세월을 낚다 호미 들고 잡초를 뽑는 詩가 걸려 있고, 밤이면 수초 사이 고개 내밀어 길 잃은 별똥별을 주워 먹는 붕어들이 유영하는 곳.

여기에서 오랫동안 잃어버렸던 동심을 되찾았다.

용기를 내어 호수에 잠긴 그리움을 잉크삼아 혼자 써 온 시들을 정리한다. 아는 분들께는 부족을 드러내 보이는 것만 같은 부끄러움이 낚싯대 끝의 찌 하나로 밤을 깜박거린다.

2008. 2. 22.

큰골저수지에서

차례

1부 별밤지기

2부 태공의 사계

3부 마음 머무는 곳

4부 해오라기와 나

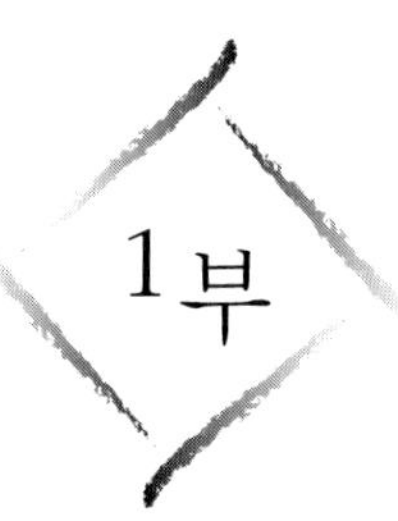

1부

별밤지기

낚시터 서신

태공의 사연들이
어망마다 출렁입니다

마음만 담아 놓고
아쉬워하고
혹은 어망 가득 풍요를
풀어 놓고

아침이면
간밤의 무용담 커피잔에 담아
함께 나누어 마십니다

자연이 주는
비바람의 풍상마저도
낚아 올려 당신에게 전합니다

겨울 태공

얼음을 뚫었다
낚싯대 끝에 매달린 초승달
기다리다 지쳐 떠나버리면

눈발 하나 둘 상념 되어 휘날리고
시간을 가로질러 달려온 바람 뼛속까지 파고든다

적막한 밤이 울고
텐트 속 손난로 소주병 기울이다 잠들면
은하수 출렁이던 지난여름
아득한 얼음구멍 뚫고
한 마리 학이 되어 날아오른다

호수에 잠긴 달빛

달빛 뛰어든 호수에
한 줄기 바람이 또르르 구른다
우수수 떨어지는 여물지 못한 시간들
더러는 붕어가 주워 먹고
더러는 두둥실 떠다니고
비스듬히 비추던 키 큰 자화상도
마알간 날빛 덧이리
마른 빵 한 조각 삼키기 위해
무색의 맹물을 쏟아 넣는다
허기를 채우고
허기를 색칠하고
허기를 낚아 담는
하룻밤 인연 참 깊기도 하다

봄바람

호수에 비친 내 모습이
여유로운 미소 잃지 않을 때
우리는 봄을 이야기합니다

쫓기듯 입술 마르고
낙엽 떨어지듯 마음 동동 구르며
저물어가는 낚시 시즌
아쉬워하던 것 엊그제 같은데

어느새
호수 위 도화지에
한 시즌 풍류할 밑그림을
아련히 그리고 있습니다

오늘은 기대에 못 미쳐도
내일을 또 기약할 수 있기에
봄으로 가는 마음은 늘
물결처럼 설레입니다

맨발로 마중하는 봄

호수로 달려갑니다

도락의 여울

하늘 맑은 빛
산이 좋아
물 위에 비취면

많은 날들이
외로움으로
가득하고

말없는
기다림은
서러운 물빛 탓이라

돌아앉은
붕어 마음
누가 알아 그 수심 읽을까

얼음낚시

초록빛 연정으로
세월을 낚던
그때가 그립습니다

하얗게 하얗게
눈부시게 고운
새로운
연인을 맞아도

초록빛 옛 연인이
그리운 까닭은
낚시 사랑터
호수와 인공호흡하는
뜨거운 입맞춤이기 때문입니다

열애

은밀한 어둠 속
개똥벌레
호수를 불 밝힌다

봄소식 전하던
뻐꾸기도 잠든 밤

정분 난 붕어
어디선가 기다릴 님 찾아
수초 사이 훑고 다니네

개똥벌레 불빛 아래
탐닉의 밤이 깊어
꿈틀거리는
비린 욕망의 낚싯대
희열의 그 몸부림 사무쳐라

탁배기 한 잔 안 한 태공의 얼굴
홍조 띠는 것은
기다림이 호수 가득

출렁이기 때문이네

고독한 자유

도락도 때론 게임이다
규칙은 무언의 침묵
별빛도 숨죽이며 지켜보는 정적

마른침을 삼킨다

너는 호수의 장사
나는 방랑의 씨름꾼
반디 불빛 신호 따라
게임은 시작되었다

심판은 없다
샅바 싸움의 승강이도 없다
오직 힘과 기교가 있을 뿐
절규하는 낚싯대

시간은 흐르고

지켜보던 별
무의미한 승부에

별똥별 날려
팽팽한 게임의 연 끊어버린다

오늘도 승자는 없다
너는 떠나고
남은 자
새벽을 적시는 이슬뿐

고독한 승부
의식의 중심엔
부러진 낚싯대 하나
너만 있구나

나는 포로다

뜨거운 유월 햇살
일주일 동안 생업에 지친 몸
육신은 안락한 휴식을 요구한다

유혹한다
내면의 의식이
호수의 바이러스에 감염된 지 오래

도로는 개미가 이삿짐 나르듯
긴 행렬로 더뎌지고
목마른 태양
감염된 포로에게 안락은 없다
초록의 능선에
담배연기 속 어둠이 내린다

취객의 소란
희열과 탄식의 비릿한 냄새
모두가 잠든 밤

야광 불빛 벗을 찾아

별들이 호수로 뛰어들고
내 영혼
무아의 꿈을 껴안는다

담아놓은 일상의 잡념들
어망 사이로 하나 둘 빠져나간다

봄으로 달려갑니다

당신이 부르는 소리에
달려갑니다

꽃샘추위 시샘으로
진달래 볼 딱지 퍼렇게 멍들어도
달려갑니다

겨울이 녹아 일렁이는 호수
산 넘어 시린 날

사랑의 열병으로 죽은
연어의 애달픔 알 리 없지만

물빛 고운 수초 사이
파르르 몸부림치다 얽힌
뜨거운 입김 닿을 수 있다면
비늘 떨어져 나가는 아픔 있다 해도
당신과 함께 하렵니다

별밤지기

뉘시더라?

이름도 모르고
만난 일도 없으련만

호숫가 낚싯대 드리우니
반가움은 밤을 밝히고
정다움은 어둠을 가르네

아침이 오면
가족의 품으로 돌아가야 하지만
다시 만날 기약 없는
하룻밤의 별밤지기

꿈꾸던 이곳에다
그리운 벗들
물풀 푸른 줄기로 심어 놓네

태공의 영토

노을진 수초 사이
하루를 풀고

지렁이 꼼틀거리는 날
지렁이 달고

떡밥 냄새 고소한 날
떡밥 개어 달고

해 지면 반딧불 밝혀
별과 달 어망에 담자

내 안의 무릉도원
하룻밤 풍류

물안개 피어오르는
새벽이 오면

바늘 하나에
천하를 꿰어

너에게 나를 보내리라

지렁이

낚시 바늘을 타고
미지로의 여행을 떠난다

평화의 푸른 띠 가슴에 두르고
눈 가리고 귀 막아
어둠 속 침묵의 고행

깨달음의 영혼도 꿰어 떠난다
눈 없어도 환한 세상
귀 없어도 고동치는 심장 소리
물방개 입맞추는 이별 인사도
호기심 많은 송사리 키 재기 장난도
삶의 끝자락 풍경

호수 속 부드러운 뻘밭에
살아온 이력
물고기 가슴에 입관시키기 전
그 마지막 흔적의 묘비명
온몸으로 새긴다

낚시터 가는 이유

왜 가느냐고 묻는다면
말하리라 내 안에 가두어 놓은 일상의 욕심
푸른 호수에 방류하러 간다고

투정을 부려도 부려도
어머니 가슴 닮아
다 삭혀주는 호수, 그곳에
마음 씻으러 가는 것이라고

폭풍우 이후

하늘과 땅이 하나가 된 듯
쏟아지던 빗줄기에
여린 잎사귀 신음하던
폭풍우 지나간 호수

누런 용이 꿈틀거리듯
광기 어린 개울물
조용히 가슴에 쓸어 담아
달래어 아래로 흘려보내고

놀란 비단고기 맑은 물로
얼굴 씻겨 진정시킨 호수는
지그시 눈 감고
낮잠에 취해 있습니다

누구였을까
주인 잃은 빨간 찌 하나
떠다니는 호수

그들만의 자유

낚싯대가 휜다
사랑을 낚다 이별하는
고독한 자유가 뒹구는 밤

가을의 태공은
토라진 바람결에도
사랑을 위해 잠들지 않는다
가슴 깊이 엄습하는 밤 추위
긴 호흡으로도 토해내지 못하지만
이렇게 마음 평화로운 것은
태공만의 도락이리라

잠 잃은 내 영혼은 호수를 유영하는
반딧불을 따라 다닌다

소풍

태공의 가슴속
푸른 물결치며 떠다니는 자유가
낚싯대 끝에 매달려
자라고 있습니다

날마다 떠나는 여행
빗방울 소리에도
수돗물 소리에도
마음의 호수가 일렁입니다

가을소풍 가는 아이처럼
낚시가방 메고
호수로 떠납니다

날마다
그리던 연인이 여기 있습니다
오색 찌 연서 매달아
연인에게 드리웁니다

뼛속까지 그리움 붉게 물든

단풍잎 두둥실 떠다니는 호숫가에서

침묵의 길

뜨거운 햇살에
까맣게 타던 태공의 사랑
초록빛 연인 보내고 눈물짓는
붉은 노을

열정의 꿈을 좇아
촉촉이 젖어 밤새우던 영혼들
무서리 찬 기운에 몸져누웠습니다

낚싯대 거둘 시간
속절없이 서성이는 태공의 머리 위로
철새들이
"내 세상이야"
호수를 접수하고 나면

다시 올 태공의 증표인 양
버리고 간 떡밥봉지 이리저리 뒹굴다가
햇볕 쏟아지는 양지바른 기슭에서 졸고 있는
침묵의 겨울로 날아가고 있습니다

2부

태공의 사계

늦가을 밤의 서정

바람이 분다
물결에 흔들리는 갈대
일상의 미련 훌훌 털어버리고
소주잔에 낚싯대 드리워
이글거리는 숯불에 무용담 굽는 연기

가슴을 열어라
싸늘히 식은 어둠마저 마셔버리자
눈망울 고운 붕어를 사랑하여
오늘도 왔다만,

어둠을 응시하는 야광 불빛아
찾지 마라
내 사랑 여름날 진홍빛 정사에 지쳐
호수 깊이 몸 누이고 있나니

오늘밤은
귀뚜라미 장단에 취해
소주잔만 태우다
가련다

고래사냥

곁에 쪼그려 앉아
고래를 잡아 달라 조르는 아이
아기 붕어는 불쌍하니 놓아주랍니다

고래가 살 리 없는 호수
애꿎은 붕어만 바늘에 매달리는데
어둠은 내일로 질주합니다

달려가는 시간을 향해
무거운 추를 매달아 놓고
고래를 부르는
마법의 주문을 외웠습니다

산 너머 첫 닭이 울 즈음
희미한 소리 들립니다
물안개 속 앞산이
고래 되어 달려옵니다

'고래다!'
온몸으로 껴안은 고래

고래를 잡았습니다
의자에 기대어 잠든 아이의
꿈속 새벽에.

은유

나는
낚시터라는 꿀단지를 안고 있네
혼자 먹기 아까워
벗을 청해 자랑했네
벌 나비 찾아와 맛보고 가네
더러는 기대에 못 미친다 서운해 하고
더러는 함박웃음 짓고 가고
어쩌다 은근슬쩍 숟가락 대다가
쫓겨나기도 한다네
이 꿀단지
봄이 오니 더욱 향기롭네

황사黃砂에게

지친 어깨 쉴 만도 하건만
중국 내륙을 휩쓸고도
방랑의 기질 꺾이지 않고
바다를 건너
산맥을 넘어
여기까지 왔구나

네 마음
태평양 저쪽
끝 간 곳 없이 날아가고 싶겠지만

이쯤에서
고독한 여정 멈추고
꽃잎 떠다니는 호수에
낚싯대 펼쳐놓고
봄이나 낚자꾸나

낚싯대

대나무 잔가지 툭툭 쳐 줄을 매고
대쪽 얼기설기 엮어 만든 어망에
풀 줄기 꺾어 넣어

물고기 몇 마리 잡으면
천하가 내 것인 양
버드나무 그늘 아래 땀 식히고 돌아가는
사람도 낚싯대도 즐거운 여유 있었다

세월 흘러 인공 재질로
미끈하게 뽑은 가공 낚싯대
저마다 경쟁하듯
큰 물고기 많이 잡기 위해 마구 휘두르는
서슬 퍼렇고 살벌한 풍경은
풍류의 도道 잊은 지 오래

하지만 낚싯대가 무슨 죄 있으랴
곱게 뻗어 가볍고 가는 줄로 낭창거리는
너 또한 마음 달래주는 나의 벗이라
살아있는 대나무인 양 곱게 쓰다듬어

무언의 정 오갈 때
도락道樂의 잔가지 싹 틔워
그 그늘에 쉬어 갈 수 있으리라

그리운 날이면

그리운 날이면 큰골로 가자
세월 낚다 호미 들고
잡초 뽑는 詩가 걸려 있고
밤이면
수초 사이 고개 내밀어
길 잃은 별똥별 주워 먹는
붕어가 유영하느니

그리운 날이면 큰골로 가자
쏟아지는 빗소리 들으며
우산 속 지렁이 꿰어
붕어와 달콤한 눈맞춤 하다
까르르 수련 잎 사이
청개구리 노래 소리에
마음 달랠 수 있으려니

그리운 날이면 큰골로 가자
그 옛날 잊혀진 동심이 유영하다
살랑 살랑 내 안에 낚여 나오는
유년의 추억이 거기 있나니

여행

안개비 희미한
낯선 호수 찾아
떠나온 여행

저 모퉁이 어디쯤
낚싯대 드리우면
맛깔스런 찌솟음 있고
영혼 달래줄 붕어가 쫓아 나와
구수한 사투리로
반길 것 같다

이곳도
늙어 머물 터 잡아 정들면
또 다른 역마驛馬를 꿈꿀까
내 안의 견고한 관념
스치는 풍광에 흔들 수 있다면

고독한 인생
현기증 털고 일어나
나는 이곳에 있을 것이다

계절 밖의 사랑앓이

앙상한 가지에 갈잎 몇 매달려
바람을 흔든다고
가을이 떠나지 않은 것 아니다

은빛 무서리 반짝이며 내려
낚싯대에 앉으면
체온 데워주던 손난로마저 차갑게 얼어붙고
살며시 잠겨 있는 케미 불빛
파랗게 떨고 있다

낚시란 이런 거구나
초겨울 호수로 달려와
낚싯대 드리워 감전된 듯 기다리다
지독한 고독 속으로 빠져드는 사랑의 불씨
차가운 호수 속에 활활 태워 버리고서야
잔잔한 수면처럼 평온해지는 거구나

사랑앓이
계절 밖에서도
오래오래 머물러 있는

내 안의 명상이구나

소리없이 다가온다

부슬부슬
안개비 내리는 밤
잠들지 마라
눈꺼풀 무거우면
그대는 제왕의 마술에 걸렸음이니

낚싯대 비명
단 한 번의 꿈틀거림만 있을 뿐
구원의 손길 닿기도 전
소리없이 사라진다

호수의 법칙
그것은 오직 깨어있는 자만이 용서된다

잠들지 마라

폭풍우 속의 호수

천둥 번개 포효咆哮에 호수가 떨고 있다
태공은 어디로 갔을까
죄 많은 시대
가슴에 피뢰침 달고
빗속에 앉아
혼자 결백할 수 없다
강풍에 휘말려 낭만은 침몰되고
빨건 흙탕물
잔인한 폭풍우는
거대한 공동묘지를 남기고 사라졌다

감원

잉어를 낚아 낚시 바늘 빼려다
몸부림치는 고통의
한쪽 바늘이 손가락에 박혔다

바늘을 벗어나려는 잉어의 절규 드셀수록
손가락의 낚시 바늘은 깊이 박혀가고
고통의 절반은 내게로 와 아픔 깊이 파고든다

그래, 그랬다
도락의 한쪽은 언제나 이랬을 것이다
붉은 피 뚝뚝 떨어져 하얀 수건 단풍이 든다

바늘에 꿰인 채 뜰채에 박탈당한 자유
입천정에 박힌 고통보다
죽음의 공포가 더 깊었을 것이다
승자의 교만이 손아귀 가득 목 죄어 와
어망에 갇히고서야
호수의 추억은 잘려나가고
한 끼 허기가 목숨 값이라는 걸 깨달았을 것이다
손가락에 박힌 질긴 인연의 바늘 빼내고서야

도락의 대가는 오래오래 후끈거린다는 것을

직장에서 잘려나간 김 부장의 가슴앓이가
명치끝에 전해온다

태공의 사계

태공의 계절이
어찌 따로 있겠는가
파라솔 아래 초록을 낚다
물속 깊이 자맥질하던 마음

낙엽 지고
찬 서리 내려도
싸늘한 한기마저 가슴으로 맞이하여
폴폴 내리는 눈송이
낚아 담는다

적막한 어둠 하얗게 물들고
마음도 물들고
허허로운 명상
빈 바늘에 길을 물어
세상 그 어디에도 갈 수 있어라

시공을 낚는 그대, 태공이여

안개

세상 모든 진실 지워지고
허상 속 선계仙界가 희미하다
뚜렷하지 않은 저 공간 어디쯤
허기 잊은 두 노인 바둑판 위를 쉬어가고
그대 기다리던 사랑은
길 잃고 헤매는데
세월을 아득히 감추어 두고
조금씩 꺼내보는
태공의 미소 아련하구나

계절을 떠나보내며

절반은 얼음
절반은 출렁이는 물
위태로운 얼음 위에서
낚시를 한다

출렁이는 저곳에
낚싯대 드리워도 좋으련만
얼음 구멍 뚫고
하염없이 발등을 바라보고 있다

입춘 지나
잠 든 풀씨도 꿈틀거리는 계절
서러운 것이 정이라 해도
차가운 가슴 얼마나 서러웠던가

알 수 없으리라 촉촉이 녹은 계절에도
얼음 위 떠나지 못하고
서성이고 있는 마음

사랑은

지울 수 없는

고독한 넋두리인가

겨울 호수

호수가 얼기 시작한다
얼음 이불 한 자락 덮어
호수 속 물고기 떨지 않는다면
따뜻했던 푸른 자유 지워버리고
출렁거리며 빗방울 쓸어 담던 배부름도 잊어버리고
별과 달 쏟아져 내려 얼굴 씻던 기억도
내 안에 안기던
앞산의 아름답던 꽃과 단풍도 꿈이었다 생각하리라
얼음 이불 한 자락 덮어
호수 속 식구들 싸안아 주는
시린 것이 가장 따뜻한
역설의 눈빛 젖은 겨울은 얼어 있다

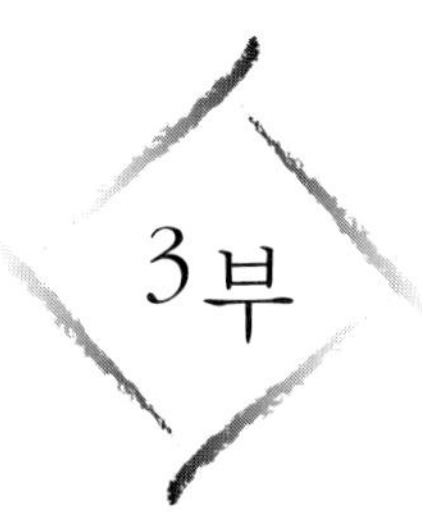

3부

마음 머무는 곳

봄비

촉촉한 봄비에
얼음 풀리니
태공의 마음도 풀리겠지
낚싯대 끝에 방울지는 그리움
눈물인 듯 생각하느니
강물 깊이 고여 있는
인생은
첫 사랑 같은 것이었네

한 마리 나비 날아 올라
낚싯대 흔드네

고독은 깊어도 좋다

홀로 호숫가에서
풍류를 즐기는 사람아

세상 살아가는 이치
기다리다 잊혀지고
다가서다 물러서는
갈대처럼 유연한 만남이라
고독도 내 안의 나를 만날 수 있는
나만의 시간

혹이나 낚시로 하여
세상과 고립되지만 않는다면
자연에 깃들어
하루쯤
청청 물버들 되어도 좋으리

하룻밤의 인연

허허롭다
이름 모를 풀가지에
매달려 있던 이슬방울
아침을 깨우는 새소리 밞아
흔들리다
물안개 속으로 사라져 가면
낚싯대 드리웠던 태공
곤한 잠에 빠져 무량세계 거닐고
밤새워
선문답禪問答하던 붕어들
인연의 끈 풀어놓은 어망 사이로
뒤돌아봄도 없이 휘적휘적 떠나간다

풍자, 혹은 풍유

피라미 살아가는 호수 속 세상

수초 우거진 별장엔
부동산 투기꾼 가물치
비만 몸뚱이 꿈틀거리고

천상 높이 치솟은 바위빌딩 아래
세상 재물 쓸어 담는
탐욕의 메기 회장 웅크리고 있다

수심 깊은 관청에
금빛 도포 번쩍이는 잉어 대감
민생은 관심 없고
야합의 권력에 서슬 퍼렇고

맑은 물 흐르던 상류
문명을 빙자한 오만한 탁류
거센 소용돌이 속에
서방 포식자 베스 군단
화약 냄새 풍기며 터전을 삼켜간다

언제부터인가
천상의 세계로 탈출할 수 있다고
유혹이 길게 드리워져 있다
붙잡고 오르는 낚싯줄
숨겨 있던 날카로운 바늘
목구멍 깊숙이 박혀 옥죄어 온다

발붙일 곳 없는 피라미
삶이 아득하다

낚시의 미학

낚시를 아는 자는 기다림을 안다
낚시를 아는 자는 사랑도 안다
사랑을 아는 자는 기쁨과 슬픔도 안다
숨이 멎을 듯한 전율과 환희
아쉬움의 탄성까지
배고픔을 채워야 하는 붕어도
욕망을 버려야 하는 태공도
넓은 호수에서의 만남을 위해
한 점 미끼 앞에서
기다릴 줄 알아야 한다
한 마리 붕어를 만나기 위해서는
별빛으로 깨어 있어야 한다

무심無心

피라미 낚는 자는
붕어를 그리워하고
빈 바늘에 세월만 낚는 자는
헛챔질도 부러워한다
어망에 나를 가두면
세상은 온통 가난한 바람이 불고
어망에 맑은 햇살 담으면
넓은 호수에 자유롭게 유영하는 붕어
마음 가득 담아놓은 어망이 된다

도락의 상흔傷痕

아득한 호숫가에
차가운 비 쏟아지는데
동강난 낚싯대 하나 뒹굴고 있다

따뜻한 온기 나누던 태공은 어디 갔나

세속의 욕망 앞에서
성급함을 조율하고
미지를 탐험하며
비움을 가르쳐
인생을 이야기하던 길동무

희열의 소용돌이 몸부림치다
벅찬 도락의 끝에서
부러진 낚싯대 아픔보다
낚싯대 부러져 놓친 물고기
아쉬워
탄식하다 원망의 눈초리로 내쳤을

태공은 떠나고

세속의 인연 드리웠던 호숫가
내동댕이쳐진 망각 위로
비가 내린다

바람지기

진달래꽃 선혈 낭자한 앞산은
비스듬히 호수에 잠겨 들고

야윈 손끝으로
가시나무 숲 헤집고 다니던 겨울바람이
상류 수초 사이
뜨거운 입김 불어넣고 몸 부빈다

푸른 열망 범람하는 4월은
희열의 꽃 한 아름 피워 그대 부르노니
오라, 태공이여
호수로 오라

건강한 인연

푸른 나비
첨벙 튀어오른 잉어와 입맞춤하네
아, 이 맑은 전율
지느러미 툭 건드려
가슴속 묻어둔 뜨거운 불덩이
호수 깊이 던져버리니
당신과 나
낚싯줄로 이어진 건강한 인연이라네

혼탁한 놀음

커피를 마신다
불투명 찻잔 속에
마음의 낚싯대 드리워 놓고
사색할 여유를 잃었다

그저 입안에 탁 털어 넣고
혀끝으로 월척의 맛을 찾는다
무뎌진 감각

시커멓게 변질된 욕망을
목구멍에 쏟아 넣어도
시큼한 트림 한 번 없이
위 속을 쓸고 지나간다

맑은 호수가
변덕스런 세상 인심에 떨고 있다
낚시로 위안을 삼던 시대는 지났는가
매캐한 담배연기 속에서
전자도박에 욕망의 낚싯대 드리우고
한탕 월척을 노리고 있다

허기로 이글거리는 충혈된 눈
허탈한 공간을 초점 잃고 헤매다 돌아선다

사이버 기계는 아무리 과식하여도
트림 한 번 없이 괴성을 지르며
유혹의 추파를 던지고 있다

감성의 계절

피라미였다
붕어였다, 아니
미끄럽게 손아귀 빠져나가버린
한 마리 메기였던가

찌가 흔들린다
호수를 토도독 두드리며
산다는 것은 유혹의 혼돈 속에
다가섰다 물러섰다
깔깔깔 웃다 엉엉 슬피 울다
낙엽지는 것

바람이 술렁인다
낚싯대 휘어 손끝에 맺힌 물방울
가을 하늘 흰 구름 영롱하다

푸덕이며 놓아주는
어망이 허허롭다

미끼

찌가 솟구친다
입으로 토해내는 언어들
눈빛으로 대답하고
두 팔로 힘껏 낚아채어 어망에 담는다

바늘에 꿰인 자리가 붉게 항변하고 있다
펄밭에 꿈틀거리는
지렁이 한 마리 손 댄 잘못밖에 없다고

물기가 있어 미끈거리는 아슬아슬한 외줄타기
허공 저 아래서 누가 부른다
시장기 감도는 흙탕물
허기 채워줄
유혹의 미소가 스멀거리고 있다

작은 불덩이 우주를 쿡쿡 쑤시고 다닌다
되뱉을 수 없는 도시의 미로
낚싯줄은 온몸을 옭죄어 온다

비늘이 떨어지고
텅 빈 어망에 비릿한 노을이 붉다

행복의 무게

우두둑 우두둑
낚싯대 관절이 꺾이며 비명을 지른다
큰놈이 물었나 보다

이 호수 저 호수 넘나들며
모가지 깊숙이 호수에 담그고
피라미 등살에도 지그시 눈감고
바람에 경전을 외우며
그저 세월만 낚으면 그만이라고
끝없이 되뇌어 보지만
내 안에 꿈틀대던 월척의 횡재
얼마나 기다렸던가

가난을 벗어던지고
낯선 사치를 낚는다는 것은
오래오래 손때 묻어 곰삭은 낚싯대에게는
감당하기 어려운 퍼덕임

가벼운 직립의 붕어 사랑이
내게 주어진 도락의 행로였으리라

기어이 찾아온 대어
인연의 낚싯줄 끊어버리고서야
가뿐한 시간 속으로 회귀한다

해오라기와 나

호수 여울목 해오라기
길게 목 빼고
먹이를 찾고 있다 피라미 몇 마리면
허기 채울 수 있는 하루

그 행복 지키기 위해
땡볕에 머리 태우며
하루를 쪼고 있다

어쩌다 잔챙이 붕어라도 얻을라치면
횡재한 듯
목구멍 깊숙이 삼키며
기쁨의 홰를 친다

월척만 기다리는 나
피라미 성화에 짜증낸 적 없었던가
누군가 붙여준 이름 때문에
생명을 자尺질한 숱한 시간들

공허한 허기 채워준 피라미 입질
월척의 이름 붙여 껴안아 주자

태공의 봄

낚시라
달디 단 그대의 살내음에
취함은 이런 것인가
배부른 현기증에
나
호수 기슭에 비스듬히 기대어
달콤한 오수에 젖어 있다네

신천지는 없다

큰 수조 차에 실려 온 붕어
도열한 낚시인들의 환영을 받으며
호수로 쏟아져 내린다
반짝이는 비늘이 싱그럽다
어릴적 친구 따라 호수를 버리고
강으로 떠나는 유혹 꾹 참고 살아온 붕어
강으로 간 친구들은 돌아오지 않고
더러는 어부에게 잡혀가고
더 넓은 세상 향해 바다로 간 몇몇은
낯선 환경에 호흡 막혀 죽었단다
애당초 바다를 건넌다는 건
목숨 걸어야 하는 모험이었다

바다를 건너고 싶은 붕어는
"그물로 들어오라"는 광고를 보고
목숨 내주는 한이 있어도 친구들이 건너지 못한
바다 건너 신천지가 그리웠을까
먼 이국땅으로 건너온 붕어
여기도 이방인에게 천국은 아니었다
궂은 일 된 일 가릴 수 없다

여기저기 죽음의 낚싯바늘 주렁주렁 달려 있지만
이국의 호수에서 살아가기 위해서는
조심스레 먹이를 챙겨야 한다
식당 주방에서, 아파트 공사장에서,
굉음의 기계소리 요란한 공장에서,
밤늦게까지 몸뚱이를 아끼지 않아야
따뜻한 공간에서 허기 채우고 몸 뉘일 수 있을 것이다

찬란한 케미 불빛 외면하고
고소한 떡밥 진수성찬
그림인 듯 살아가야 하는 붕어
낯선 세상에서 거칠어진 비늘이
솔방울처럼 일어선다

내 안에 머물던 바람을 길어 올리며

비가 내리듯
쏟아져 내리는 6월의 땀방울
낚싯대 휘어져 무아의 세계로 꿈인 듯 닿으니
붉은 장미 정열의 입맞춤한다

태공이 여름을 두려워하랴
허기진 고단함은 뜨겁게 달구어야 하느니
호수에 도열한 저 열정을 보라
꽃대궁 길게 목 빼밀듯이
낚싯대 몽우리 맺었구나

수면을 긋는 이 맑은 전율
비린내가 깔깔 웃는다

4부

해오라기와 나

윤회

수천 번 낚싯대 휘두르고서야
기다림의 의미 깨달았다
무심으로 바라보아야
흘러가는 듯 머물러 있는 불빛 하나
개똥벌레 날갯짓하여 날아오른다는 것을

너는 다가서는 침묵이다
나는 물빛을 엮어 투명한 날개 짤 것이다

행여, 윤회의 굴레 저쪽 우리가 다시 만나
네가 강태공 되고 내가 물고기 되어도
너는 기다릴 것이고
나는 목매달아 사랑을 고백할 것이다

붕어는 욕망을 삼키지 않는다

붕어가 입질하지 않는 것은
배가 부르기 때문이 아니다
배고파 밥 먹고
배불러도 또 먹고
게걸스럽게 삼키는 인간의 무한 탐욕을
깨우치기 위함이다
허기 참을 줄 아는 것은
과다한 밑밥 던져 넣어
붕어와의 해후가 아닌
인간끼리 포획을 위한
다툼을 나무라는 것이다
비만의 식단으로 유혹하는
인간을 향한 저항이다
내 마음속의
붕어를 맞이할 수 있는 것은
넓은 호수에
지렁이 한 마리 꿰어 꿈틀거릴 때
그때야 시장끼 느끼고 다가올 것이다
배고픔 참을 줄 아는
깨어 있는 붕어는

욕망의 찌꺼기 따위는 삼키지 않는 것이다

낚시 가족

무엇일까
주말이면 찾아나서는 낚시란 무엇일까
방학과 휴가를 맞아
가족과 함께 낚시 여행을 떠난다

아이와 엄마가
태공의 도락 깊이 닿을 수야 없겠지만
뙤약볕 아래 집에 가자고 보채는 이 없이
체험하려고 무던히 애쓴다

밤하늘에 반짝이는 별들과
별들 쫓아 날으는 케미 불빛
이름 모를 풀벌레 소리까지
평소에는 맛깔스럽지 않던
새벽 물안개 속 라면 한 그릇
인스턴트 커피 한 잔
그 어떤 카페보다 향기롭고

생업에 지친 몸 이끌고
자연에 동화되어 있는 저 모습,

아무리 밀어넣어도 비만했던 아랫배
마침내는
즐거움과 고단함이 하나 되어
자연을 닮아 가리라

돈 되는 것 아니고
먹을거리 구하는 것도 아닌데
가방 하나 벗하여 호수로 향하는
주말 낚시 가족

그들 닮은 호숫가 산은 밤에도 푸르다
–불감증

밤처럼 긴 낚싯대
물속을 헤집고 있다

수련 사이 붕어들이 재잘거리는
옹기종기 물고기 동네
어흥, 호랑이처럼 무서움을 뿜어본다

뿔난 도깨비 잦은 장난에
무서움 무디어진 물고기
이리저리 낚싯줄 넘나들며
고무줄놀이하듯 즐거워하고 있다

초록의 이삭 주워 먹어도
배고픔 참을 줄 알던 시대
옛 이야기인 듯 까마득하고

목숨을 담보로 하는 달콤한 놀이
유혹의 미끼 앞에서
위험한 배부름을 탐하고 있다

자연인

자동차 한 대 굴러온다
이어 한 대 또 한 대
트렁크 열고 낚시 장비 꺼내는 사람들
그 여유 속의 따스함
따라온 아이도, 중년의 부부도, 초로의 태공도
눈빛 반짝이며 삶의 활력 넘친다
더 이상 우울한 댓가의 놀이가 아닌 낚시
적멸의 계절에도
자연을 일깨워 온기 전하며
살아가는 원동력을 충전하는,
한 마리 붕어와의 만남에 연연치 않고
껄껄 웃는 겨울 태공, 이미
호수의 물고기 다 잡았다 놓아주는
마음속 여유 충만하다

호수

계곡을 가로막아
물길 붙잡아 놓으면
흐르다 멈추어버린 무수한 발길들
언덕 타고 올라 차곡차곡 채워져
호수가 된다

호수는 물을 품고 산다
수많은 물고기 유영하고
우거진 수초 아래
마을 이루고 사는
우렁이와 수생곤충들
그들만의 영토는 하나의 왕국

출렁이는 호수는
더 이상 인간의 것이 아니다
푸른 배 타고
발목 흠뻑 적시며
황금 잉어 용이 되어 승천하는
신화를 엮어 심신을 교감하며
닿을 듯 멀리서 생명의 길 유입수를

정갈히 흘려보내야 하는

물안개 자욱한 새벽 호숫가에서
햇살이 내릴 때마다 반짝이는 수많은 비늘
섬뜩, 전율하며 솟구치는 뜨거운 기운
그들의 영토와 내 몸의 붉은 피가
맞닿아 있음을

낚시와 나

흔히들 말하지
낚시는 물고기를 낚는 것이 아니라
세월을 낚는 것이라고

공감하지만
사람의 마음이 어디 그런가

낚싯대 펼치면
알 수 없는 기대감에 마음 설렌다

애증의 미로에서
언제쯤이면 자유로울 수 있을까

겨울 호수를 찾았다
눈 덮인 거대한 빙판
비밀의 문을 열듯 얼음 끌을 두드려
시린 햇살 비벼 넣으니
옆구리 깊숙이 자라던 통증
툭 튀어나와
행복한 미소 짓는다

하얗게 깨어 있는 낚싯대
손길 닿을 때마다
움찔움찔
맑은 전율의 꽃이 핀다

묵은 옷을 벗으며

종잇장처럼 가벼웠던 겨울은 갔네
얼음판 위
한바탕 신명난 춤사위 꿈꾸던
서울 상태공
서성이다 돌아서고
곤한 잠에 취해 있던 생명들 반짝, 깨어나네

물 흐르는 따뜻한 소리

텅 빈 아가미 속 봄이 아우성치네
청아한 물 한 모금
푸른 기운 출렁이네

자화상

낚시터 운영하는 일
버거운 세월 잠시 내려놓고
삼라만상 비워버린
맑은 거울 속을 맨발로 들어가
명상하다 돌아가는 길처럼
때 묻은 옷가지 훌훌 벗고
가벼워지는 것이라 생각했는데

거울 장사 너무 많아 길 잃은 탓이라
청동거울, 먹통거울, 식인 고기 우글거리는 괴기한 거울에
탐욕의 자화상 그대로 비치는 황금거울까지
제살 뜯어먹다
진력이 난 사내들의
웅성거리는 광기의 핏빛으로
노을이 붉네

봄날의 외도

봄바람 분다

겨우내 묵혀 두었던
낚시 가방의 먼지를 털고
친구에게 전화를 건다

반색하는 목소리
역마살이 파릇파릇 고개 든다
기다렸던 시간들

겨울이 떠나버린 호수는
버들강아지 눈을 틔우고
사랑의 손짓하며
볼을 부빈다

1년 전 아니, 몇십 년 전
원시의 모습 그대로
미지의 처녀로 우리를 맞이하고
세월 흘러 늙어버리는 건
오직 문명의 전등불뿐

호수 모퉁이 따뜻한 봄햇살은
자연의 틈바구니 열어
하루의 정을 쏟아 붓는다

마음 머무는 곳

대롱대롱 매달려 있는
이름 모를 들꽃이
호수가 좋아 태공을 닮았네

한가로이 낚싯대 드리운 태공
눈길 한 번 주지 않지만
재잘거리며 태공 뒷모습을 지켜보네

저 태공은 붕어를 낚고
세월을 낚고
품고 있던 근심 슬그머니 호수에 버리고
한 입 베어 문 청춘을 이야기하고
동그랗게 파문 이는 첫 사랑을 회상하네

꿈길을 헤매다
잉어에게 손목 잡혀 뱃놀이 즐기고
소망 낚아 올리는 손끝마다 푸른 자유 대롱이네

유혹의 물길 깊어
행복한 태공이여!

한 번쯤 등 뒤에 눈길 줘도 좋으리
초록이 살아가는 그 모습도 아름다우니

명당

비가 내린다
호수 밑바닥까지 적시며
깊숙한 발자국을 새기고 있다
삼라만상
어둠과 빛의 소용돌이
마음속 풍랑은 산을 넘고
물고기가 나를 낚기를 기다리며
밀짚모자 무딘 연정이
빛바랜 거적을 걸치고 있다

소주 한 됫병은 비워야
세속을 등진 부처를 만날 수 있다고
붕어 한 마리 슬쩍 다가와 술을 따른다

독조獨釣

목 잔뜩 움츠리고
숨마저 멈추고
호수 속 깊은 인연 언제 닿을까
기다림의 순간

새벽 안개 걷어내어
속살 보일 듯
푸~ 숨 몰아쉬며 치솟는 찌

낚시는 사랑이었다가
욕망이었다가
나를 깨우는 한 줄기 바람

기다리라 하는,
놓아버리라 하는,
끝내는 아쉬워하라는

매운탕

촉촉이 젖은 수초 사이
낚싯대 드리워 어망 넘실 낚은
얼큰한 매운탕거리를 골라 본다

요놈은 시집 안 간 처녀 붕어라 놓아주고
요놈은 힘이 펄펄 넘치는 것으로 보아
처녀 붕어 짝인 듯싶어 놓아주고
제일 큰놈으로 입맛을 돋구어야지
아니야, 애원하듯 끔벅이는 저 눈
애처로워 놓아주고
작은놈으로 요리할까 바라보니
세상 살 날 청청하다고 파닥거리고 있네

이놈 저놈 다 돌려보내고
만남의 인연 비린 손 씻은 물에
대파와 고춧가루 풀어
얼큰히 끓여 놓으니

이 세상 살만 한 것이라고
목줄기 타고 시원히 넘어가는

하루가 말하고 있네

처서處暑

풀잎이 성장 멈추고 갈무리하는 시점
영원할 것 같았던 더위도
아침 저녁 서늘한 기운이 스친다

윗옷 벗어제치고 낚싯대 드리워
한판 기싸움하던 강태공들
고추잠자리 빨갛게 익어버리던 날
저녁이면 긴 소매자락이
승리의 깃발처럼 펄럭이고 있다

호수에 잠긴 한 점 구름이 찌를 톡톡 건드리고
벼이삭보다 먼저 노랗게 익어버린 붕어는
입맛 찾아 주둥이 삐죽 내밀고
방학 끝난 아이들은 학교로 돌아가고
피서지에서 돌아온 사내들
여행의 여운 채 가시지도 않았는데

붕어라! 유혹의 그림자 아른거려
또 다른 내일의 역마를 꿈꾸는구나

배려

낚싯대 드리워
한 마디의 찌솟음

찰나의 간절한 기다림을
챔질하지 마라

눈 감아 버려라
아릿한 설렘은
먼 우주를 가로질러
오랜 영상으로
머물다 사라질 것이라

저 한쪽
허기진 육신
한 입 요기를 음미하고 있을
행복을 위해

초겨울 호수

낚시 바늘에 꿰인
붕어 입술에서 흘러나오는
한 방울 선혈마저도
말갛게 일렁이는 계절

서릿발 따라 멀어져 가는
태공의 발걸음
호수 건너편 응달진 가슴 한 켠이
서서히 얼어붙고
살다 간 이름 모를 잡초의 언어들
바람 불 때마다 일어나
윙윙거리고 있다

캄캄한 수면 위
개똥벌레
적막을 깨고 날아오르라
그리워, 그리워
애틋함만 짙어가는 계절

낚시하는 이유
—세상 밖 호수에 세상 속 마음 버리기

최 준(시인)

1

목어木魚 김용철 시인의 첫 시집 『태공의 영토』는 두 가지 점에서 눈길을 끈다. 그 하나는 시집의 시들이고, 다른 하나는 시를 쓴 시인이다. 우선 이 시집은 상상력을 발화점으로 하는 시가 그 시를 쓴 시인의 실제 삶과는 별개의 것이라는 일반적인 인식과는 아주 멀리 떨어진 지점에 놓여 있다. 시집 속 그의 시들은 예외 없이 '호수'와 '낚시'를 제재로 하고 있다는 점에서 특이하고, 그가 낚시터를 10년째 운영해 오고 있는 낚시터 주인이라는 점에서 특이하다.

낚시터 주인인 그는 삶의 외곽에 위치해 있는 호수를 매일 바라보고, 그 물빛과 주위 산들이 잠겨든 수면을 스쳐가는 바람결에서 사계절의 변화를 읽어내고, 거기에서 우주의 신비를 발견한다. 낚시 가방을 메고 호수를 찾는 사람들은 자연 속으로 스스로 걸어 들어오는 사람들이다. 말하자면 그의 삶은, 자연과 사람 사이에 있다. 호수를 찾아 낚싯대를 드리우는 수많은 조사釣師들을 대면하고, 그들과 대화하면서 자연과 사람과의 교감의 순간들을, 자연 속의 사람과 사람 속의 자연을 삶으로 경험하고, 관찰하고, 그리고 시로 쓴다.

2

이런 이유들로 인해 그의 시들은 한결같이 자연을 끌어안고 있고, 거기에는 낚싯대 드리워진 푸른 호수가 있으며, 호수 속엔 호수의 주인인 물고기들이 헤엄치고 있다.

계곡을 가로막아
물길 붙잡아 놓으면
흐르다 멈추어버린 무수한 발길들
언덕 타고 올라 차곡차곡 채워져
호수가 된다

호수는 물을 품고 산다
수많은 물고기 유영하고

우거진 수초 아래
마을 이루고 사는
우렁이와 수생 곤충들
그들만의 영토는 하나의 왕국

출렁이는 호수는
더이상 인간의 것이 아니다

—「호수」 부분

호수란 사람에 의해서든 자연적인 이유에서든 물이 가두어져서 일시적으로 그 흐름이 멎어 있는 상태를 의미한다. 살아 숨쉬는 생명체의 몸과 마찬가지로 유입구와 배출구를 가지고 있는, 그의 시의 주요 무대인 호수는 위와 같은 '존재' 이다. '존재' 이기에 호수도 숨쉬고 있으며 앞으로도 살아 있어야 하는 것이다. 그는 물고기들과 수초와 수생 곤충들이 살아가는 호수의 주인이 더이상 인간이 아니라고 단정적으로 선언한다.

노을진 수초 사이
하루를 풀고

지렁이 꼼틀거리는 날
지렁이 달고

떡밥 냄새 고소한 날

떡밥 개어 달고

해 지면 반디 불 밝혀
별과 달 어망에 담자

내 안의 무릉도원
하룻밤 풍류

—「태공의 영토」 부분

에서처럼 인간은 기껏해야 낚싯대 드리우고 호숫가에 앉아 자신 안의 무릉도원에서 풍류나 즐기는 존재에 지나지 않는다. 마치 자신이 주인인 것처럼 생각하고 행동하지만 하룻밤 풍류나 즐기고 나서 다시 현실의 삶으로 돌아가야 하는. 그렇다면 인간이 호수를 찾아 낚싯대를 드리우는 일은 정녕 아무런 의미가 없는 것인가. 그렇지 않다. 시들에 나타나 있는 그의 견해에 따르면 낚시 또한 세상의 모든 일들과 마찬가지로 분명히 의미 있는 행위이며, 마음 먹기에 따라서는 많은 긍적적인 면을 내포하고 있는 가치 있는 일이다. 단, 여기에는 다음과 같은 일련의 전제들이 따른다.

그는 말한다. 낚시는 물고기만 낚는 것이 아니라 '자연이 주는/비바람의 풍상마저도/낚아올려「낚시터 서신」' 야 하는 것이다. 낚시를 단순한 재미나 소득 욕망의 행위인 '고기잡이' 로만 생각해서는 안 된다고 한다. 낚시를 하려면 자연 속에 자신을 온전히 담그어 '호수에 비친 내 모습이/여유로운 미소 잃지 않

「봄바람」아야 한다고도 한다. 이 여유는 '오늘은 기대에 못 미쳐도/내일을 기약할 수 있「봄바람」는 기다림의 시간으로 이어진다. 이 기다림이야말로 그가 진정으로 하고 싶은 말일지 모른다. 기다리는(기다리려는) 마음의 여유를 지니고 있는 이라야 비로소 낚싯대를 앞에 놓을 자격이 있다는 것이다. 그렇다. 생각해 보면 낚시는 일상의 굴레와 시간의 속도로부터 벗어나는 일에 다름아니다.

이와 같은 전제들을 바탕으로 하고 있는 그의 많은 낚시 시편들 속에는 해와 달과 별과 구름과 산이 잠겨 있는 호수가 있고, 물고기들의 비늘이 반짝거린다. 비록 일시적이기는 하지만 이러한 풍경을 담고 있는 자연 속으로(인간의 본향은 자연이다) 낚싯대를 들고 귀환하려는 많은 이들이 있다. 그리고 이들에게는 공통의 꿈이 있다.

곁에 쪼그려 앉아
고래를 잡아 달라 조르는 아이
아기 붕어는 불쌍하니 놓아주랍니다

고래가 살 리 없는 호수
애꿎은 붕어만 바늘에 매달리는데
어둠은 내일로 질주합니다

달려가는 시간을 향해
무거운 추를 매달아 놓고

고래를 부르는
마법의 주문을 외웠습니다

산 너머 첫 닭이 울 즈음
희미한 소리 들립니다
물안개 속 앞산이
고래 되어 달려옵니다

'고래다!'
온몸으로 껴안은 고래
고래를 잡았습니다
의자에 기대어 잠든 아이의
꿈속 새벽에.

—「고래사냥」 전문

인간은 때로 호수에서 고래를 잡는 꿈을 꾸기도 한다. 그러니까 인간이다. 그는 낚시를 하는 인간의 마음이 보다 정직하고 보다 인간적이기를 바란다. 현실적인 욕심도 좀 줄이고 순리가 지배하는 자연의 세계도 바라볼 줄 아는, 세속과 탈속의 경계에 있는 청정한 마음의 호수에다 낚싯대 드리우기를 바란다. 필사의 드잡이 끝에야 겨우 끌어올릴 수 있는 집채만 한 현실의 고래가 아닌, 바라만 보아도 기분 좋아지는 하늘을 날아다니는 꿈의 고래를 낚아올리기를.

3

그러나 낚시를 매개로 자연(호수)과 문명(인간) 사이에서 살아가기는 하지만 그는 자연에 깃든 인간이 아닌 문명의 그늘에서 살아가는 인간들에게도 지속적인 관심을 갖고 있다. 자신도 문명의 혜택을 누리고 있음을 애써 부정하지 않는다. 그러나 그는 무조건적인 문명 신봉자가 아니다. 문명을 누리되 문명의 배면에 감추어져 있는 어두운 부분도 동시에 응시한다. 시에서 마저도 때로는 현실주의자가 된다.

세월 흘러 인공재질로
미끈하게 뽑은 가공 낚싯대
저마다 경쟁하듯
큰 물고기 많이 잡기 위해 마구 휘두르는
서슬 퍼렇고 살벌한 풍경은
풍류의 도道를 잊은 지 오래

—「낚싯대」 전문

낚시에서 낚싯대는 물고기를 잡기 위한 가장 중요한 도구다. 어렵지 않게 짐작할 수 있겠지만 인용한 이 시의 앞부분에서 그는 자연에서 자란 대나무를 손질해 낚싯대로 사용하던 시절을 이야기하고 있다. 낚시에 필요한 모든 도구를 자신이 준비한 만큼 낚시를 하는 이의 마음도 소박하고 겸손했었음을 말하고 있다. 그랬던 것이 과학 문명에 힘입어 낚싯대를 포함한 낚시 도구가 개발되면서 낚시를 하는 이의 욕망도 그에 비례해 커졌다는 것이다. 낚싯대도 많은 고기를 잡기 위한 도구의 하나에 지나지 않는다고 생각하고 있는 현실을 비판한다. 그가 정의하는 낚시는 오로지 많은 고기를 잡기 위한 소득 행위가 전부가 아니다. 낚시는 자신이 사용하는 낚싯대부터 아끼고 사랑하는 마음을 가져야만 할 수 있는 거라고 그는 말한다. 너나없이 문명이 만들어낸 낚싯대를 사용하는 게 현실이지만 그것을 '살아 있는 대나무인 양 곱게 쓰다듬어/무언의 정이 오갈 때'에야 진정한 '도락道樂의 그늘'에서 쉬어갈 수 있는 거라고.

다음의 시는 더욱 인상적으로 현실을 말하고 있다.

피라미 살아가는 호수 속 세상

수초 우거진 별장엔
부동산 투기꾼 가물치
비만 몸뚱이 꿈틀거리고

천상 높이 치솟은 바위빌딩 아래
세상 재물 쓸어담는
탐욕의 메기 회장 웅크리고 있다

수심 깊은 관청에
금빛 도포 번쩍이는 잉어 대감
민생은 관심 없고

야합의 권력에 서슬 퍼렇고

맑은 물 흐르던 상류
문명을 빙자한 오만한 탁류
거센 소용돌이 속에
서방 포식자 베스 군단
화약 냄새 풍기며 터전을 삼켜간다

언제부터인가
천상의 세계로 탈출할 수 있다고
유혹이 길게 드리워져 있다
붙잡고 오르는 낚싯줄
숨겨 있던 날카로운 바늘
목구멍 깊숙이 박혀 옥죄어 온다

발 붙일 곳 없는 피라미
삶이 아득하다

—「풍자, 혹은 풍유」 전문

길지만 전문을 인용했다. 현실 사회를 물속의 질서에 빗댄 흥미로운 작품이다. 이 시는 사회를 지배하고 있는 경제적인 힘을 가진 부자(가물치, 메기)들, 정치적인 힘을 가진 권력자(잉어)들과, 혼돈의 원인인 외세(베스 군단)에 짓눌려 아무 것도 가지지 못하고 누리지 못하고 핍박만 받고 있는 서민(피라미)

들의 삶의 어려움에 대해 말하고 있다. 피라미는 이렇게 물속 질서에서조차 무시되어도 무방한 존재인가. 아프다.

잉어를 낚아 낚시 바늘 빼려다
몸부림치는 고통의
한쪽 바늘이 손가락에 박혔다

바늘을 벗어나려는 잉어의 절규 드셀수록
손가락의 낚시 바늘은 깊이 박혀가고
고통의 절반은 내게로 와 아픔 깊이 파고든다

그래, 그랬다
도락의 한쪽은 늘 이랬을 것이다

—「감원」 부분

민물낚시를 하는 모든 이들의 희망인 대형 잉어를 낚아올렸으나, 잉어에게서 바늘을 빼내려다 나머지 바늘 하나에 화자 자신도 바늘에 손가락을 찔린다. 이 예기치 못한 자신의 고통으로 인해 비로소 이해되기 시작하는 잉어(타인)의 고통. 그렇지 않은가. 이 시는 자신의 고통을 아는 사람만이 다른 이의 고통을 이해할 수 있다는, 진리에 가까운 전언을 담고 있다. 낚시는 강자가 약자에게 행하는 일방적이며 독단적인 행위이지만 때루 낚시가 주는 이같은 깨달음에 현실이 문득 오버랩되기도 하는 것이다. 이 시는 '직장에서 잘려나간 김 부장의 가슴앓이가/명치 끝에 전해온다' 는 현실적인 인식으로 맺음한다. 화자는 낚시에서 경험한 자신의 고통으로 하여 사회 속에서는 느끼지 못했던 타인의 고통을 더불어 느끼고 있다. 상황과 양태는 모두 다를지라도 고통의 느낌만은 동류의 것임을 말하고 있다.

이처럼 그가 바라보는 문명은 때로 편리만을 추구하고 끝없는 욕망이 지배하는 냉엄한 현실 질서의 공간으로, 반성과 비판의 대상이 된다. 비판은 무관심과는 다른 차원의 것이다. 무관심은 대상에 대한 일종의 방관이나 무시에서 기인하지만, 비판은 관심과 애정을 그 근저에 두고 있기 때문이다. 현실의 사람 살이가 지난함과 비정을 종종 드러내고 있다는 것을 알기에, 그는 낚시를 영원성을 담보하는 종교적인 탈속이 아니라 현실을 더욱 열심히 살아가기 위한 일종의 숨고르기이며 재충전의 계기로, 일시적인 휴식이자 자기 돌아봄의 시간으로 간주한다. 그의 문명(현실) 비판은, 그러므로 비난이 아닌 안타까움이며 연민이다. 이 안타까움과 연민은 그의 시가 따스함을 잃지 않는 원인이기도 하다.

4

여기, 물고기가 있다. 물고기는 물에서 산다. 물고기에게 물은 공기이고 음식이고 커피이며 술이고 집이고 길이다. 세상이다. 물속의 질서를 자세히는 알 길이 없으나, 물 밖의 세상과 크게 다르지는 않으리라는 짐작은 어렵지 않게 할 수 있다. 물

밖 세상에 앉아서 물속의 세상에 낚싯대 드리우는 이는 그러므로 두 개의 세상을 함께 경험하고 음미하려는 욕심 많은 자이다.

목어 김용철 시인은 앞에서 이미 밝혔듯 지난 10년 동안 이들과 만나 왔다. 저수지를 관리하고 낚시터를 운영하면서 경험한 호수와 낚시와 인간과 세상에 대한 느낌들을 쓴 시들로 한 권의 시집을 완결했다. 그는 경험했고, 자신의 느낌을 정직하게 시로 써냈다. 천성적인 것으로 여겨지는 정직과 시에 대한 결벽성을 지닌 그와 같은 사람을 현실에서 만나기란 베스가 우글거리는 호수에서 살아 남은 피라미를 발견하는 노릇만큼이나 어렵다. 비록 세속적인 부와 명예가 따르지 않을 지는 모르지만, 이러한 그의 삶을 가치마저 없는 것으로 치부해버려서는 안 되는 이유다.

더불어 그의 시를 문학적인 잣대만으로 섣불리 재단해서도 안 되리라. 그는 시의 엘리트는 아닐지라도 진지하고 솔직하게 자신의 세계를 보여주려는 순수한 열정을 지니고 있다. 온갖 사술과 편법들이 판치는 세상으로부터 그는 얼마만큼의 거리를 두고 떨어져 살고 있는 사람이다. 그런 그가 쓴 시들 또한 물속과 물밖의 경계인 수면에서 일부는 잠기고 일부는 떠서 한밤의 어둠을 깜박이는 야광찌와 같다. 이 깜박임은 도심의 밤거리를 밝히는 불빛들처럼 휘황찬란하지 않아서 더 눈물겹다.

시에 대한, 낚시에 대한 선입견과 욕망을 모두 버리고 청정한 마음만으로 그가 켜놓은 불빛을 따라가다 보면 우리는 또 다른 그리움의 세계에서 한밤중에도 꺼지지 않고 있는 희망 하나 발견하게 되리라.